MILITARISME & SOCIALISME

L'ARMÉE PERMANENTE

ET

SES CONSÉQUENCES

POLITIQUES ET SOCIALES

PAR

VALENTIN DROULIN

PRIX : 30 Centimes

VIERZON

Imprimerie Centrale, Léon JAILLET

3 bis, RUE DE LA GACCHERIE, 3 bis

1890

L'ARMÉE PERMANENTE

ET

SES CONSÉQUENCES

POLITIQUES ET SOCIALES

PAR

VALENTIN DROULIN

PRIX : 30 Centimes

VIERZON

Imprimerie Centrale, Léon JAILLET

3 bis, Rue de la Gaucherie, 3 bis

1890

AVANT-PROPOS

L'on peut dire, avec raison, que depuis que nous possédons la liberté de la presse et le droit de réunion, l'on n'a jamais vu, comme aujourd'hui, la politique faire mouvoir avec autant de désinvolture et d'astuce, les rouages si compliqués de notre vieille société.

C'est qu'aujourd'hui, en effet, plus qu'en aucun temps, les convoitises sont sans bornes, les appétits insatiables. Pour arriver au but, toutes les armes sont bonnes : la perfidie aussi bien que la loyauté, et le mensonge aussi bien que la vérité.

Dans la tourbe des champions politiques, il n'y a pas jusqu'au plus minuscule publiciste ou orateur de tel ou tel parti, qui n'apporte sa part de matériaux à la construction de l'édifice qui personnifie, selon lui, l'idéal de l'avenir.

A tous les degrés de l'échelle sociale, depuis le capitaliste le plus favorisé par la fortune, jusqu'à l'humble prolétaire qui gémit sous le poids écrasant de sa misère, on s'interroge et on raisonne.

Les idées se croisent et se heurtent ; elles s'identifient par attraction, ou s'annihilent par répulsion, selon l'affinité qui leur est propre.

Les unes, les routinières d'un autre âge, qui n'émanent point des principes de l'évolution naturelle, s'atrophient et disparaissent lentement, après avoir tenté de nous faire rebrousser chemin et de nous replonger dans l'atmosphère viciée d'un régime mortel quelconque, que le bon sens et la raison ont condamné sans retour.

Les autres, flot montant de lumière, s'efforcent de se faire jour à travers les ténèbres qui les environnent et dont elles sortiront enfin, majestueuses et sublimes, marchant victorieusement à la conquête des grandes destinées que nous attendons du progrès.

La marche est lente, mais l'élan est donné, rien ne saurait désormais l'arrêter. Nous entrons déjà dans la renaissance de l'intelligence humaine, qui comprend de mieux en mieux la nécessité et les bienfaits de la société future.

Délivrée des entraves qui la tenaient enchaînée, la pensée prend maintenant son essor. Avide et hardie, elle s'élance irrésistiblement vers les régions, jadis inconnues, où résident les grands problèmes sociaux, cherchant à s'approprier tout ce qui est bon, tout ce qui est sain, parmi les méthodes et les systèmes philosophiques, dont de longues études nous ont permis d'apprécier la valeur.

Parfois, elle s'arrête dans sa course, pour se rendre compte du chemin parcouru et pour calculer la distance qui la sépare encore du but à atteindre.

Répudiant toutes les causes de ténèbres qui obstruent sa marche ascendante, elle cherche la clarté, car, sans la clarté, elle ne peut rien, parce que l'enfantement doit se faire au grand jour et en pleine liberté.

La pensée, sans la liberté et sans la lumière, est comme l'arbre, qui s'étiole et meurt faute d'air et d'espace.

Aussi bien, il est temps de faire disparaître les masques, de faire entendre les sourds, de désiller les yeux des aveugles et de leur montrer la bonne voie. On l'a dit bien souvent, l'avenir est à nous, mais à cette seule condition, c'est que nous sachions nous rendre, de plein gré, à l'évidence qui ressort de l'observation et de l'expérimentation des faits accomplis, et que nous consentions à ne plus jamais enfreindre les devoirs que nous imposent les enseignements qui en résultent.

En politique, comme en toutes choses, la ruse et l'égoïsme sont le mal ; la loyauté et la solidarité sont le remède.

Hors de là, tout n'est que fiction et confusion.

Cet état de choses, dont nous souffrons si cruellement et contre lequel nous sommes, en quelque sorte, impuissants à lutter, d'où provient-il ?

Il provient tout simplement de ce que nous n'avons pas encore assez de force morale pour chasser de notre être cet esprit d'égoïsme individuel, que l'on peut encore considérer, à la fin du XIX° siècle, comme la cause primordiale de la lenteur de tout progrès politique et social. Les faux principes et les fausses idées, ne sont que le produit de l'ignorance ou de l'égoïsme individuel, et conséquemment de l'égoïsme collectif.

Pourquoi en est-il ainsi ?

Parce que l'homme est si peu conscient, ou, pour dire plus vrai, si peu sûr de lui-même, qu'il est souvent porté, à son insu, à ne pas interpréter les choses dans leur véritable sens pratique.

La question de *l'abolition de l'Armée permanente*, dont, après tant d'autres, j'ai pris à tâche
de dire quelques mots, est éminemment propre
à démontrer cette obstination de l'homme à
s'égarer dans des voies dangereuses.

C'est pourquoi il est de toute nécessité de
combattre cette tendance funeste, qui pourrait
produire, dans l'avenir, les effets les plus désas-
treux, auxquels, dans notre impuissance de
réaction, nous ne pourrions même pas nous
soustraire.

Hélas! combien d'autres questions, jointes à
celle-ci et faussement interprétées comme elle,
retardent encore les grandes solutions et par
cela même l'avènement salutaire d'une société
meilleure.

J'estime, en conséquence, que les problèmes
sociaux ne peuvent et ne doivent être traités
qu'avec une sincérité absolue et une conviction
pleine et entière, si nous voulons arriver à des
solutions logiques et pratiques.

Hommes de science et de progrès, allumons
nos flambeaux ! Si nous voulons et si nous
savons ne jamais déroger à ces principes, nos
efforts seront couronnés un jour. Persévérons
donc sans relâche dans notre marche en avant
vers la liberté et l'émancipation, et le bonheur

du Peuple sera la récompense suprême de nos travaux et de nos peines.

C'est en faisant des vœux sincères pour la réalisation de ces destinées sublimes, que j'ai écrit les lignes qui vont suivre, et qui, je puis l'affirmer, sont exemptes de toute préoccupation hostile à l'avènement prochain de la République démocratique et sociale.

Si j'ai failli à ma tâche, ce ne peut être que par aberration et non par mauvaise foi.

Que celui qui est sans péché me jette la première pierre !

Valentin DROULIN.

Vierzon, le 15 Novembre 1890

L'ARMÉE PERMANENTE

ET

SES CONSÉQUENCES

POLITIQUES ET SOCIALES

CHAPITRE Ier

Paresse ou incapacité. — Les programmes élec. toraux. — Fausse interprétation de l'idée de suppression de l'Armée permanente.

Dans l'étude que j'ai faite de nos mœurs politiques et des évènements de toutes sortes auxquels elles donnent naissance, je me suis aperçu que bien des hommes, soit par paresse, soit par incapacité, acceptent volontiers les idées sociales toutes faites dont on les a bercés dès l'enfance. Dans leur indifférence politique, qui, malheureusement, est encore grande de nos jours, ils négligent le soin, si naturel cependant, d'en apprécier la valeur pratique au point de vue de la civilisation et du progrès.

De là découlent fatalement bien des erreurs et bien des préjugés.

Il est évident, en effet, que les difficultés qui retardent la solution des différentes questions politiques et sociales, ne reposent en réalité que sur ce que chacun ignore ou veut ignorer, par inconscience ou par égoïsme, les principes de vérité et de justice tirés des lois de la nature.

Cependant, qu'on le veuille ou non, il est non moins certain que ces lois sont éternelles et universelles, pour cette raison immuable que, loin d'être l'ouvrage des hommes, elles sont inhérentes au principe de vie; c'est pourquoi elles peuvent seules tendre désormais à l'accomplissement de l'évolution humaine par la transformation des sociétés modernes, qui désirent en finir avec les préjugés et les supercheries de toutes sortes, dont quelques intrigants se sont servis pour jeter les premiers fondements de la vie sociale chez les peuples, à l'aurore de la civilisation.

Il est doux, pour nous, Français, de constater que notre pays est l'un des premiers, — le premier, peut-être — à marcher dans la grande voie de l'évolution humaine.

Le but étant connu, quelle route nous faut-il suivre pour l'atteindre plus promptement et plus sûrement ?

Chercher partout l'éclatante et persuasive lumière ; signaler les fautes, les erreurs, les abus, et ne proposer enfin que des réformes et des systèmes conformes à nos véritables aspirations et à nos besoins : telle est, sous peine de recul et d'anéantissement, l'unique

route bonne à suivre, pour arriver, sans secousses brutales et dans les meilleures conditions, à des progrès qui s'imposent et qui ne pourront avoir de valeur et de durée, que s'ils sont affermis sur la morale et la justice.

Mais, avant d'atteindre ce but, que de problèmes à résoudre ! que de questions irritantes à aplanir, à simplifier, à trancher !

Parmi les différentes questions qui nous divisent sur le terrain politique, la question de l'abolition de l'Armée permanente est une de celles qui méritent le plus notre attention.

En effet, depuis de longues années, en France, chaque fois que le suffrage universel est appelé à élire une assemblée représentative, cette question de l'*abolition immédiate de l'Armée permanente et son remplacement par une armée nationale sédentaire*, figure en tête des programmes électoraux d'un grand nombre de candidats du parti socialiste et révolutionnaire.

A ce sujet, je ferai remarquer — et c'est justement l'impraticabilité de cette réforme ainsi comprise, qui m'a inspiré ces lignes — que ceux de nos aspirants législateurs qui argumentent sur ce terrain, rivalisent d'ardeur et de moyens pour persuader à l'opinion publique que cette *abolition* et ce *remplacement* pourraient se faire d'une façon *immédiate*, c'est-à-dire sans transition et sans risques ni périls.

Il y a là, malheureusement, de la part de ceux qui parlent ainsi, soit une erreur inconsciente, soit une faute intentionnelle qu'ils exploitent et dont ils se font un moyen occulte, propre à satisfaire leurs vues. Si mes pressentiments, aussi bien que mon jugement, ne

me trompent pas, je crois même que cette seconde
supposition est plus admissible que la première,
attendu que la suppression dite *immédiate*, favoriserait
admirablement les projets des exaltés d'une révolution
violente, et, mieux encore, les conspirations téné-
breuses des adeptes farouches de l'anarchie pure.

Quoiqu'il en soit, dans l'un comme dans l'autre cas,
que le péril suscité par ces théories soit voulu ou non,
il n'en existe pas moins, et nous devons à tout prix le
conjurer. Car, du moment qu'il y a danger, ce danger
ne doit pas passer inaperçu aux yeux du peuple ; il
faut, au contraire, que le peuple le touche du doigt,
afin qu'il sache mieux se tenir en garde contre les
déclamations à grands effets et qu'il se rende un plus
juste compte de la valeur pratique des propositions
contenues dans les programmes électoraux.

Ce serait assurément faire preuve de la plus grande
insouciance, que de se dissimuler plus longtemps la
gravité de l'erreur inconsciente, ou de la faute de
parti pris, comme on voudra, au point de vue des
conséquences et des résultats successifs.

En effet, non seulement le système de la suppression
dite *immédiate* est inapplicable, en raison de la situation des gouvernements européens, mais il porte en
outre un préjudice plus considérable qu'on ne le
croit aux idées véritablement socialistes, qui vont
s'affirmant de plus en plus dans notre pays, malgré
les ennemis jurés des libertés populaires et de la
marche des déshérités vers l'émancipation politique
et sociale.

Pourquoi ?

Parce que les indécis et les réfractaires ignorants,

qui ne verraient que des dangers sans nombre dans la
disparition de l'armée, seront longtemps encore, pour
cette raison, antipathiques à l'idée d'une République
démocratique et sociale.

Je conviens parfaitement que ce serait très beau
de supprimer l'armée permanente ; mais il ne suffit
pas de le proclamer sur les toits, en insinuant
que nous pourrions, sans risques ni périls, réaliser la
suppression *immédiate*. Il faut, d'abord et avant tout,
nous appliquer scrupuleusement à rechercher les
avantages et les inconvénients de l'armée *sédentaire*,
au point de vue matériel et moral ; il faut, en second
lieu, nous pénétrer exactement de la nature des conséquences multiples qu'il en résulterait, sous le rapport
des relations internationales.

Ce n'est donc qu'après avoir préalablement envisagé
la question sous ses divers aspects, que l'on pourra,
en toute connaissance de cause, formuler des conclu-
sions logiques.

La question de l'*abolition immédiate de l'Armée permanente* a souvent donné lieu à d'ardentes polémiques et
à de violentes discussions oratoires. Les anarchistes,
les socialistes - révolutionnaires, et, parmi ceux-ci,
Blanqui (*) et ses disciples, l'ont maintes fois traitée
avec plus ou moins de bon sens et de jugement. Une
ligue et des comités de propagande ont été fondés en
vue de la diffusion des théories favorables à l'idée ;

(*) Auguste Blanqui, dans sa brochure *l'Armée esclave et
opprimée*, a admirablement bien dépeint les mœurs militaires
de notre époque, au point de vue matériel et intellectuel. Avec
son austère sévérité et sa diatribe serrée, il a cinglé de main de

mais, tout cela n'a pas, jusqu'ici, donné de résultats bien satisfaisants.

Comme toutes les grosses questions politiques et sociales, la question de l'*abolition immédiate de l'Armée permanente* a donc eu ses défenseurs et ses détracteurs, ses apôtres et ses martyrs, mais tous, en général, ne l'ont agitée que comme l'on agite une cloche, de sorte que toutes ces agitations stériles n'ont produit d'autre effet que celui dont je viens de parler : enrayer le progrès des idées véritablement socialistes.

C'est pourquoi la critique raisonnée de ces deux mots : *abolition immédiate*, est d'une extrême importance, parce que l'erreur pratique qu'ils comportent peut mortellement peser de tout son poids sur le principe même d'abolition, en ce sens que cette fausse interprétation retarde le moment où les nations européennes pourront et seront même forcées de l'appliquer sans restriction.

---

maître les principes barbares du militarisme dans la caserne, principes qui, tout en martyrisant le corps, enlèvent à l'esprit — pour un temps limité, heureusement ! — une partie de son discernement et plongent l'âme dans l'affaissement moral. Mais, comme tant d'autres, le grand babouviste révolutionnaire n'a pas vu, ou n'a pas voulu voir, en réclamant l'abolition de l'armée permanente, que les mœurs des peuples aussi bien que les constitutions politiques des grands Etats, ne sont pas, à l'heure présente, compatibles avec la mise en pratique *immédiate* de l'idée.

On ne saurait, en effet, sans s'exposer à des dangers mortels et inévitables, abolir l'armée permanente en France et la laisser subsister dans les autres pays, avec des forces numériques expérimentées, rompues aux plus dures fatigues et pourvues d'engins de destruction devenant de plus en plus redoutables.

Mais avant d'attaquer à chair vive cette fausse interprétation du principe de suppression, je crois qu'il sera intéressant de faire connaître l'origine de l'armée permanente en France, origine que beaucoup d'hommes de notre génération ignorent, parce que, soit pour des causes indépendantes de leur volonté et foncièrement dûes à la défectuosité de leur position sociale, soit pour toute autre cause, ils ont peu appris l'Histoire de France, ou bien encore parce qu'ils ont oublié ce qu'on leur avait enseigné dans leur enfance.

Une petite dissertation historique ne sera donc pas déplacée ici, et, quoique brève, elle n'en sera pas moins édifiante au point de vue général de la question.

CHAPITRE II

Un peu d'histoire. — Origine de l'Armée permanente en France. — Son rôle depuis sa création jusqu'à nos jours.

Lorsque Hugues Capet, fut proclamé roi de France, en 987, par les grands vassaux de la couronne, le domaine royal était loin d'avoir l'étendue et l'importance qu'il acquit plusieurs siècles après.

Il ne s'étendait pas au-delà de l'Ile-de-France et de l'Orléanais.

Le reste du territoire était divisé en grands et petits fiefs, tels que : les duchés de Bretagne, de Bourgogne, de Normandie; les comtés de Flandre, de Champagne, de Toulouse, de Poitiers, etc., apartenant à autant de ducs et de comtes.

Les seigneurs étaient maîtres absolus sur leurs domaines, possédant droit de vie et de mort sur les malheureux serfs attachés à la glèbe. Souvent ils battaient monnaie à leur image et levaient des impôts; ils avaient des armées comme des rois, se querellaient continuellement entre eux, ou bien se croisaient pour aller en Terre Sainte.

La royauté, ainsi établie, avait une autorité si faible, que tout le règne de Hugues Capet et de ses premiers successeurs fut troublé par les révoltes successives des seigneurs du sud de la Loire qui refusaient de reconnaître leur suprématie.

On pourra, du reste, juger, par la réponse hautaine de l'un d'eux, de quel œil ils considéraient la royauté nouvelle, qui venait tout à coup mettre un frein à leur indépendance autoritaire.

Un certain comte de Périgueux, nommé Adalbert, avait usurpé — ce qui était très fréquent à cette époque — les titres de comte de Poitiers et de Tours: ce seigneur était l'orgueil incarné et avec cela d'une ambition sans bornes, car l'orgueil et l'ambition marchent toujours de pair.

Un jour, le roi de France lui envoya un messager porteur de ces paroles : « Qui t'a fait comte ? » — « Qui t'a fait roi ? » répondit Adalbert, sur un ton plein d'arrogance.

Ce mot, qui a souvent été cité, peint admirablement bien cette époque de haines et de rivalités féodales.

Cependant, malgré l'opposition et la résistance tenace qu'elle rencontra, l'autorité royale se consolida peu à peu, grâce à l'énergie ou la tyranie, comme on voudra, des successeurs de Hugues Capet. Louis VI dit le *Gros*, surnommé encore l'*Éveillé* ou le *Batailleur*, qui réprima sévèrement les révoltes seigneuriales, et sous le règne duquel plusieurs villes s'érigèrent en *communes* ou villes *libres*, contribua, pour une large part, à la consolidation de l'édifice monarchique. Après lui vint son fils, Louis VII, le *Jeune*, qui employa toutes sortes de moyens pour empêcher l'établissement des franchises communales; puis vinrent ensuite les rois Philippe-Auguste, Louis IX ou Saint-Louis, et le faux-monnayeur Philippe-le-Bel, qui ne craignit pas de recourir à des confiscations violentes comme celle de la fortune des Templiers, pour satisfaire ses besoins incessants d'argent.

Tous ces monarques agrandirent considérablement le royaume, et l'organisation de la monarchie était déjà très avancée, lorsque survint la Guerre de Cent Ans, entre la France et l'Angleterre.

Cette guerre, qui fit verser tant de sang, nous suscita de si grands désastres et répandit de si terribles ravages dans notre pays, commença en 1337, sous Philippe de Valois, et se termina en 1453, sous Charles VII.

Comme cela était inévitable, ses premières conséquenses furent la suspension des progrès rapides de la monarchie.

Cependant, ces progrès purent être continués sous le règne de Charles VII ou le *Victorieux*, dont les vaillants capitaines, inspirés par l'ardeur patriotique de l'immortelle Jeanne d'Arc, parvinrent, après d'incessants et courageux efforts, à chasser les Anglais, que des succès constants avaient rendus maîtres de presque tout le royaume.

La Guerre de Cent Ans eut également pour effet immédiat de développer les sentiments patriotiques dans le pays.

C'est en résistant à l'invasion anglaise que la France eut conscience d'elle-même, et, dès cet instant, la Patrie fut fondée. Tous les Français sentirent désormais qu'ils étaient membres d'une même famille: chacun se prit à aimer davantage, à mesure que l'étranger l'envahissait, le sol sacré de la Patrie.

Cependant, les bandes mercenaires ne donnant pas de résultats assez satisfaisants, on jugea qu'il était urgent, pour défendre l'intégrité du sol, de créer une armée régulière, devant rester sans cesse sous les armes. C'est alors que les États-Généraux, convoqués à Orléans, en 1439, décidèrent la création d'une armée *permanente*.

Cette armée se composait de quinze compagnies d'ordonnance, de cent lances chacune. Une lance garnie comprenait six hommes d'armes, classés de la manière suivante : un cavalier lancier, un page ou *varlet* à cheval, trois archers et un *coutillier*, ou soldat armé d'un couteau.

Les quinze compagnies, ainsi organisées, formaient donc un corps d'armée régulier de neuf mille hommes, qui fut mis à l'entière disposition du roi. De plus, dans chaque paroisse, un homme était désigné pour s'exercer au tir de l'arc ; il devait constamment se tenir prêt à répondre à l'appel du roi. Ce fut avec ces milices villageoises que l'on forma l'infanterie des *francs-archers* ou *arbalétriers*, que Philippe de Valois décora de l'épithète de « ribaudaille » à la bataille de Crécy.

Pour l'entretien de cette armée permanente, il fallait des subsides considérables pour l'époque. Les États-Généraux y pourvurent en votant un impôt ou *taille perpétuelle* de douze cent mille livres, c'est-à-dire environ un million deux cent mille francs de notre monnaie.

Le peuple supporta cette charge sans trop murmurer ; malheureusement, il en supportait bien d'autres, aussi onéreuses et de plus odieusement arbitraires, à propos desquelles les seigneurs avaient coutume de dire : « Jacques Bonhomme crie, mais Jacques Bonhomme payera. »

Il vint cependant un jour où le pauvre Jacques se lassa de payer et où il se révolta résolument contre ses oppresseurs. Mais ceux-ci, mieux armés et plus experts que lui dans l'art de se battre, ne tardèrent pas à le replonger de nouveau dans une dure servitude. Ce fut cette guerre civile qu'on appela la Jacquerie.

D'après ce que l'on vient de voir, la royauté avait déjà une armée et des finances régulières : tout cela fonctionnait à merveille. Si l'on ajoute à ces créations celle de l'artillerie par les frères Bureau, grâce à l'introduction, à cette époque, de la poudre à canon en Europe, on peut en conclure que la France, avec des troupes bien commandées, s'accroissant de plus en plus, pouvait résister avec avantage à l'étranger envahisseur.

Ce fut ce qui arriva.

Charles VII, ce roi insouciant, qui avait laissé brûler Jeanne d'Arc sur le bûcher de Rouen, sut réparer ses fautes vers la fin de son règne. Ce fut lui qui, le premier de tous nos rois, réalisa des forces militaires très respectables pour l'époque.

Aussi, grâce à l'armée permanente ainsi constituée, le pays fut sauvé.

Oh! il ne faut pas l'oublier, l'époque de la Guerre de Cent Ans fut une des plus douloureuses de notre Histoire nationale, et les devoirs qui incombèrent alors à l'armée furent les plus sacrés de tous! Eût-il pu, en effet, exister une mission plus noble et plus généreuse que celle de délivrer le pays, si cruellement mutilé et tellement amoindri, que Charles VII porta pendant quelque temps, par dérision, le titre de roi de Bourges ?

L'un des plus beaux faits d'armes de l'armée permanente au XVIe siècle fut, sans contredit, la reprise de la ville de Calais sur les Anglais, par le duc de Guise, **en 1558, sous Henri II,**.

A la vérité, les Anglais ne se sont jamais consolés de cette perte, et cet événement mémorable, qui mit fin à une servitude de deux cent onze ans, est resté l'une des grandes dates de l'Histoire de France.

Mais il est une chose fatale et qui est la résultante de tout régime monarchique, c'est que l'armée permanente, depuis son apparition jusqu'à nos jours, ne joua pas exclusivement le rôle pour lequel elle était destinée, c'est-à-dire celui de la défense exclusive du territoire.

Étant entièrement à la disposition, ou bien, si l'on aime mieux, à la discrétion absolue des monarques, elle fut plutôt un instrument despotique qu'un rempart devant nous protéger contre toute invasion. Or, qui dit monarchie, dit tyranie, et l'on sait, hélas! par une douloureuse expérience, que la tyranie, qui ne cherche qu'à donner libre cours à l'esprit de conquête, porte partout la destruction et l'asservissement.

Les faits historiques de la monarchie sont là, palpables et pleins d'enseignements, pour en attester la monstrueuse certitude.

Comment pourrait-il, d'ailleurs, en être autrement, quand un peuple est assez naïf pour confier ses destinées aux caprices d'un homme qui a, de par un droit prétendu divin qu'on lui donne ou qu'il se confère, pleins pouvoirs pour octroyer à ce peuple tel mode de vie sociale que bon lui semble? Comment pourrait-il en être autrement, quand tout est réglementé et ordonné d'après la théorie absolue du *bon plaisir*.

Maintenant que j'ai fait connaître son origine, je vais essayer de faire le bilan de l'armée permanente qui, à travers les époques tragiques ou glorieuses de l'Histoire, accomplit de si beaux faits d'armes en même temps que dans la main des tyrans, elle servit d'instrument aveugle à d'horribles représailles politiques. Hélas! il faut bien en convenir, c'est l'honneur et le crime abrités sous le même drapeau.

Le rôle le plus ignoble et le plus criminel que l'armée permanente ait joué fut assurément celui qu'on lui distribua pendant le cours des guerres de religion, qui firent naître de si pénibles et si dramatiques événements.

Quoique cela nous coûte à avouer, nous le devons à l'implacable vérité, nous le devons pour l'édification de génération présente et des générations futures. C'est à l'aide des armées que les rois Charles IX, Henri II, Henri III, Louis XIII et Louis XIV réprimèrent si cruellement les mouvements insurrectionnels des malheureux protestants, qui s'efforcèrent de se soustraire au joug catholique et jésuitique.

En France, au temps de la Réforme, elles furent, entre les mains des créatures du Vatican, de terribles instruments d'asservissement et de destruction. En effet, quels crimes abominables n'a-t-on pas commis, à cette époque de troubles religieux, au nom de la religion catholique et romaine! Qui n'a pas frémi d'horreur à la lecture du récit des massacres de la Saint-Barthélemy, consommés par Charles IX, sa mère, l'astucieuse italienne Catherine de Médicis, les Guises et les jésuites, et où tant de dévoués serviteurs du peuple et de la Réforme trouvèrent la mort?

Et dire que de tels forfaits furent revêtus de la sanction du Saint-Siège et de la bénédiction pontificale?

Mais ce n'est pas tout ce dont pouvait être capable une armée régulière aux mains d'un monarque absolu — sous-entendu tyran. L'avenir réservait au peuple français une deuxième édition des boucheries sans nom qui avaient ensanglanté les règnes des derniers Valois. et, n'en déplaise aux conservateurs catholiques de nos jours. la seconde moitié du règne du grand roi Louis XIV, de celui que les courtisans appelaient le Roi-Soleil. fut souillée par des persécutions religieuses tellement atroces. qu'elles eussent fait horreur même aux quelques tribus d'antropophages qui sont encore disséminées dans les îles de l'Océanie.

Et quels étaient les exécuteurs des ordres royaux ? Toujours les jésuites, agents de Rome. toujours la soldatesque officielle, avide de sang humain. nourrie de haines fratricides. ne rêvant qu'extermination et n'accomplissant que massacres !

Du reste, on va pouvoir en juger par les détails suivants, qui pourraient parfaitement se passer de commentaires.

Depuis qu'Henri IV leur avait accordé l'édit de Nantes. les protestants jouissaient d'une liberté religieuse relativement restreinte. mais qui leur permettait néanmoins de travailler à la paix générale et à leur relèvement moral. dans l'exercice de leur culte.

Que firent les jésuites. dominateurs de Louis XIV. de la cour et des évêques ?

Ils obtinrent d'abord qu'on chassât les protestants des charges et des emplois publics; qu'on leur interdît l'industrie en leur refusant des lettres de maîtres; puis. qu'on fermât leurs écoles, qu'on démolît leurs temples; enfin. qu'on leur enlevât leurs enfants. pour qu'ils fussent élevés dans la religion chère aux Loyola et aux Borgia !...

Les jésuites poussèrent bien plus loin encore leur criminelle vengeance. Ils obtinrent également qu'on envoyât dans les provinces, des régiments de dragons, avec mission de faire rentrer les protestants dans le giron de l'Église romaine.

On mit les hommes à la torture, on outragea les femmes, on dévasta les propriétés, on envoya aux galères ceux qui refusaient les sacrements, ceux qui tentaient de sortir de France, ainsi que ceux qui donnaient asile aux ministres protestants.

L'édit de Nantes fut révoqué en 1685. Bref, on usa de tant de violence et de perfidie à l'égard des malheureux protestants, que plus de cent mille familles quittèrent la France, allant chercher ailleurs une sécurité que la royauté leur refusait dans leur Patrie.

Voilà l'œuvre des *Dragonades,* voilà l'œuvre de l'armée permanente sous le règne du plus absolu des monarques !

Honte aux jésuites fanatiques et sanguinaires, qui n'ont pas craint de mettre, au nom du Christ, des poignards d'assassins dans la main des soldats !

Honte aux monarques qui, se croyant parvenus à l'apogée de leur gloire, par l'absolutisme, se sont assis sur des trônes couverts d'ignominie, de boue et de sang !

Souvent l'armée permanente, entre les mains de certains aventuriers militaires, conduisit la France au bord de l'abîme ; mais il arriva qu'au moment fatal, faisant un suprême et dernier effort, elle se remit avec avantage à la hauteur de son rôle propre, celui de la défense nationale. C'est ainsi qu'en 1712, les derniers débris des corps de troupe, concentrés et dirigés par le maréchal Villars, sauvèrent la France à Denain, où le vieux guerrier livra une bataille mémorable à l'un des plus grands capitaines de ce temps-là. le célèbre prince Eugène.

Plus tard, pendant la Révolution. ce furent les armées permanentes étrangères qui essayèrent de sauver la royauté agonisante et firent obstruction aux immortelles idées de nos pères. qui, grâce au domaine intellectuel que leur avaient légué les Voltaire et les Jean-Jacques Rousseau. montèrent d'un commun accord. à l'assaut de l'ancien régime.

Heureusement. l'œuvre de la grande et sublime Révolution française. impérissable par son essence, est sortie radieuse des douloureux déchirements de la Patrie. et cet élan spontané d'un peuple qui brise ses chaines nous a valu toutes les libertés de la France comtemporaine. Hélas ! que n'avons-nous su les conserver intégralement ?

En revanche. c'est à cette époque de tourmente intérieure et de dangers extérieurs que les célèbres phalanges des volontaires de la République firent leur apparition.

Je parlerai de leur valeur patriotique dans le chapitre suivant.

Un peu plus tard. après que les grands orages furent passés. le gouvernement du Directoire ayant décrété l'expédition d'Égypte. ce fut à Bonaparte qu'il confia le commandement en chef de l'armée d'occupation. comme étant le plus capable de nos généraux, à cette époque si fertile en héros militaires.

Mais qui eût pu penser alors que sous l'enveloppe du guerrier battait un cœur de traître. et que ce génie. qui étonnait le monde par ses victoires, était pétri de pensées criminelles, qui devaient causer tant de malheurs à la France.

Il ne tarda pas, en effet, à se montrer sous son véritable jour.

Ce traître, qui conduisit ses troupes, après mille dangers, au pied des pyramides d'Égypte, où il leur dit ces paroles mémorables : « Soldats, du haut de ces pyramides, quarante siècles de gloire vous contemplent ! » ce traître, dis-je, revint un jour en France, après avoir laissé le suprême commandement de la colonne d'expédition au plus brave de ses compagnons d'armes, au loyal et généreux Kléber, qui fut, peu de temps après, assassiné par un fanatique musulman.

Ce fut alors que Bonaparte consomma le 18 Brumaire. Il renversa le Directoire, s'empara du pouvoir et se fit nommer premier consul pour dix ans.

En 1804, cinq ans après sa forfaiture, le premier consul prenait le titre d'empereur héréditaire, sous le nom de Napoléon Ier, toujours avec l'appui de l'armée permanente, qui lui était plus que jamais dévouée.

Il eût certainement mieux valu que le futur conquérant mourût à la place du général Kléber, car bien des calamités dont il fut l'auteur nous eussent été ainsi épargnées.

Une fois qu'il eut réalisé le rêve de sa cynique ambition, l'empereur réorganisa l'armée et la mit sur un pied formidable.

Croyez-vous que, dans la suite, elle servit à la défense exclusive du territoire ? Non, il n'en fut rien. Napoléon, qui s'était attiré la haine des souverains d'Europe par ses immenses conquêtes, entreprit la campagne de Russie, qui se termina par la lamentable retraite de 1813, devant Moscou incendié. Que restait-il de la grande armée ? Rien, sinon quelques fragments mutilés et la France près de sombrer !

Bientôt l'Allemagne se souleva et toute l'Europe se réunit contre nous. Les armées étrangères pénétrèrent dans notre pays. L'empereur défendit bien le sol pied à pied, dans la malheureuse campagne de France, où l'armée permanente se trouva, en cette occasion, réduite à son rôle exclusif de défense ; mais il n'était plus de taille à lutter, il avait complètement épuisé les forces vitales de la nation. Aussi, qu'arriva-t-il ? Paris fut pris et les alliés installèrent Louis XVIII sur le trône. Alors Napoléon abdiqua et partit pour l'île d'Elbe, emportant avec lui sa honte et les regrets que lui causait la perte de son trône.

Au bout de quelque temps, l'ex-empereur, qui se consumait dans l'inaction, songea à reparaitre de nouveau sur la scène du monde, afin de jouer le dernier acte du grand drame de sa vie : la guerre.

Il revint en France et se dirigea sur Paris, accompagné de plusieurs de ses compagnons d'armes, qui voulaient suivre sa fortune jusqu'au bout.

A son approche, Louis XVIII s'enfuit à Gand, tandis que l'empereur prit le chemin de la Belgique, pour aller à la rencontre des armées coalisées. Trahi par Grouchy à Waterloo, son armée fut anéantie par l'armée anglo-prussienne commandée par Wellington. Prisonnier et avili, il alla mourir sur le rocher de Sainte-Hélène.

Louis XVIII, rétabli sur le trône, dut signer le deuxième traité de Paris, qui nous enlevait toutes les conquêtes de l'Empire, de sorte que la France, après tant de victoires suivies de si grands revers, se trouvait plus petite qu'elle n'était en 1789.

Où pourrait-on trouver un plus grand enseignement ?
Nous ne le méditerons jamais assez.

Si je cite ces faits historiques, ce n'est que pour démontrer jusqu'à l'évidence, dans quelle voie peut être conduite une armée permanente entre les mains d'un dictateur et d'un tyran, comme le fut celui que les admirateurs du génie de la destruction ont appelé le grand Napoléon.

D'ailleurs, que l'on consulte l'Histoire ancienne et les annales de tous les peuples, et l'on verra si cette destinée ne fut pas celle de toutes les armées conquérantes qui ont eu pour but la domination et l'asservissement ?

Que devint notre armée, après que ces grands cataclysmes l'eurent mise à bout de force ? Cessa-t-elle d'être un instrument de conquête et de dictature ? Non, pas le moins du monde.

Sous les règnes suivants, elle continua ses exploits extérieurs en Algérie, dont elle fit la conquête, en Belgique et en Italie.

Louis Bonaparte vint, homme néfaste s'il en fut, et qui devait nous donner le spectacle de la plus ignominieuse de toutes les hontes nationales : la livraison des armées aboutissant à la cession de deux de nos plus belles provinces.

Président de la seconde République, il consomma, lui aussi, un coup d'État le 2 Décembre 1851, et se fit nommer empereur, toujours avec le triste concours de l'armée permanente.

Il prit à tâche de marcher sur les traces sanglantes de Napoléon Ier, si bien qu'après avoir fait décimer nos troupes en Crimée, en Italie, en Chine et au Mexique, après avoir mené une vie désordonnée et

désorganisé les forces nationales, il en vint à déclarer la guerre à la Prusse, en 1870.

Hélas! les tristes épisodes de cette funeste guerre
sont encore présents dans toutes les mémoires! Ici,
l'armée faisant des prodiges de valeur, mais succom-
bant sous le nombre : là, lâchement trahie et livrée,
par l'empereur à Sedan et par Bazaine à Metz, il était
matériellement impossible que l'on pût tenir tête à
l'ennemi dans de telles conditions.

Aussi, les conséquences furent des plus accablantes
pour nous. Napoléon III disparut de la scène politique,
laissant la France démembrée, le Trésor ruiné, l'armée
détruite et une indemnité de cinq milliards à payer
aux Allemands !

Quelle humiliation pour un peuple !

Que cela nous serve au moins d'enseignement pour
l'avenir, car nous avons trop ressenti les déplorables
effets de cette œuvre maudite, pour que nous n'ayons
jamais la faiblesse de nous livrer corps et âme à une
nouvelle dictature. Ce ne serait pas seulement une
faute grave, ce serait un véritable suicide populaire,
sans espoir de résurrection.

Heureusement, la République fut proclamée le
le 4 septembre 1870, et le gouvernement de la Défense
Nationale, malgré ses défectuosités, son manque de
ressources et sa lenteur d'action, nous évita des désastres plus grands encore que ceux que nous avons
subis.

Mais la guerre civile vint s'ajouter aux malheurs de
l'invasion : la Commune de Paris éclata en 1871, ce
qui fournit l'occasion à l'armée permanente, — l'armée
de Versailles — de jouer encore un rôle sinistre. Dans
les rues de la capitale, au pied des barricades, elle

fit couler à flots le sang français : elle massacra sans merci des milliers de malheureux, que des agitateurs politiques avaient poussés contre la pointe des baïonnettes, prétendant, bien à tort, qu'ils parviendraient à changer la face générale des choses par une insurrection partielle. La Commune s'éteignit en laissant le sol jonché de martyrs.

Quelques années après l'invasion, l'armée permanente était refaite sur des bases nouvelles et plus solides.

Mais, cette armée, forte et fière et ne redoutant plus l'étranger, ne s'est malheureusement pas toujours renfermée dans son rôle propre ; seulement, elle différa de ses devancières, en ce qu'au lieu de chercher à faire des conquêtes en Europe, elle entreprit des expéditions lointaines. Elle viola le territoire de peuples qui ont autant de droits que nous à l'indépendance.

Pourquoi ?

Je vais le dire en peu de mots.

La Constitution qui nous régit, sous la dénomination de Constitution de 1875, étant plutôt oligarchique que républicaine, il arriva que le gouvernement tomba entre les mains d'hommes néfastes, qui, non contents de condamner les travailleurs à mourir de misère et de faim, envoyèrent nos soldats, sans profits avouables, chercher la mort en Tunisie et au Tonkin.

Cette politique, qu'on appelle « politique coloniale, est la plus barbare et la plus méprisable de toutes, puisque, sans souci du droit des gens, elle permet au gouvernement — et cela toujours au moyen de l'armée permanente — de prendre violemment possession d'un pays, sous le prétexte que les richesses de ce pays seront utilisées à notre profit ; sous le prétexte aussi qu'en fournissant des débouchés à notre commerce d'exportation, cela favorisera l'écoulement du trop plein de nos produits nationaux.

Si seulement l'on se servait de moyens pacifiques, pour établir et entretenir des relations commerciales avec les aborigènes des colonies ?

Mais non, c'est à coups de canon qu'on dicte des lois et que l'on impose des conditions à des peuples qui nous méprisent et qui nous abhorent, parce que nous mettons en pratique cette coutume féroce : tuer pour civiliser !

Voilà donc l'œuvre d'hommes sans honneur ni scrupules, dont je ne dirai pas les noms, par respect pour la douleur des malheureux pères, qui pleurent leurs fils tombés loin de la Patrie, pour le profit contesté des aventures coloniales.

Ceux-là, l'Histoire les jugera !

CHAPITRE III

L'Armée nationale sédentaire. — Résultats et conséquences de sa substitution immédiate à l'Armée permanente. — Statistique édifiante.

Maintenant que l'on sait ce qu'a fait l'armée permanente en France, il nous faut parler des opinions émises par les promoteurs du système de suppression *immédiate*, et des motifs occultes qui les poussent dans cette voie dangereuse.

On les voit partout, avançant que, dans les conditions actuelles des rapports internationaux, l'armée permanente pourrait parfaitement bien être suppléée par une armée nationale sédentaire. Il y a là, assurément, comme je l'ai dit en commençant, des vues et un but cachés, car il est facile de prouver que cette substitution est, pour des raisons impérieuses, matériellement irréalisable.

La vérité, c'est que les révolutionnaires violents visant la prise de possession du pouvoir par des moyens illégaux, l'armée, telle qu'elle est, opposera toujours une barrière infranchissable à leurs projets. En effet, s'ils n'avaient pas l'armée à redouter, les meneurs turbulents pourraient, tout à leur aise, donner libre cours à des utopies plus ou moins réalisables qui naissent généralement chez des hommes dont l'imagination s'illusionne sur le véritable sens pratique des remèdes à apporter au mal qu'ils combattent. Ils ne s'aperçoivent pas qu'en sortant de la légalité politique, ils rentrent à pleines voiles dans le désordre moral et matériel qui suivrait inévitablement la mise en pratique de certaines théories, qu'ils croient être du plus pur socialisme, et qui, dans la réalité, ne sont rien moins qu'impropres à atteindre le but proposé.

Personnellement, je regrette que ces hommes, qui appellent de tous leurs vœux l'émancipation et le règne du Peuple, s'obstinent à employer des moyens qui ne sont nullement du domaine de la logique interprétation des principes véritables du socialisme.

La légalité politique n'est pas ailleurs que dans le suffrage universel, dont le principe d'action répudie toute idée de révolution à main armée. Si l'on préconise l'emploi de la violence, c'est donc parce que l'on nie l'efficacité du suffrage universel ? Si cela était, l'on nierait également le principe lui-même, et ce serait insensé.

Quant à moi, je ne crois pas que cette façon d'interpréter les choses soit profitable à la bonne cause ; je suis convaincu, au contraire, que nous pourrions parfaitement arriver à fonder la République démocratique et sociale en nous servant des moyens légaux que le suffrage universel met à notre disposition. Seulement, ce qui manque au corps électoral tout entier, c'est le discernement, c'est surtout la conscience pleine et entière de ses droits comme de ses devoirs.

Qu'on instruise le peuple, qu'on fasse son éducation dans le sens le plus large du socialisme pratique, et l'on verra s'il ne saura pas se donner le gouvernement qui lui convient et sans lequel il est condamné à voir se perpétuer éternellement ses misères et ses déceptions !

Il est certain que, malgré les affirmations des révolutionnaires militants, l'armée permanente ne constitue pas un obstacle insurmontable à l'établissement d'un gouvernement démocratique, propre à satisfaire les revendications populaires.

Examinons maintenant quels seraient les dangers extérieurs à courir, si l'armée permanente était *immédiatement* abolie, et quels seraient les avantages et les inconvénients de l'armée sédentaire, que l'on voudrait lui substituer ?

Pour l'intelligence de ces questions, il est absolument nécessaire de se rendre compte de la situation actuelle de l'Europe au point de vue moral et militaire.

Que voyons-nous aujourd'hui en France, en Allemagne, en Italie, en Autriche, en Russie ?

Partout des armements formidables, des armées permanentes dont les forces numériques se sont considérablement accrues pendant ces dernières années, et possédant des engins de destruction parvenus, en quelque sorte, au dernier degré de perfectionnement. Chaque nation rivalise de génie pour mettre à jour de nouveaux procédés, et nous vivons à une époque d'un tel sang-froid barbare, que la conscience publique ne se révolte pas : elle admire, au contraire, la force du nouvel engin, elle calcule l'énormité des ravages qu'il causera dans les rangs ennemis.

Partout, l'air est imprégné d'une odeur de poudre, et il suffirait de la plus petite étincelle pour allumer un incendie qui, il n'en faut pas douter, embraserait l'Europe entière en un clin d'œil.

Les gouvernements monarchiques, antipathiques à la France, ont, depuis longtemps, formé une alliance redoutable, en vue de nous assaillir au moment qui leur paraîtra le plus propice, et les vipères coalisées se tiennent prêtes à donner le signal d'une guerre européenne.

En un mot, l'état de choses actuel est l'indice certain de la plus grande inquiétude dans les esprits et de la plus grande perversité politique dans les sphères gouvernementales.

Pour donner une idée plus complète de l'état moral et matériel de l'Europe, je ne saurais mieux faire que de mettre sous les yeux du lecteur un tableau frappant de la future guerre, dû à la plume autorisée du D' Robinet, membre de la *Société d'Histoire de la Révolution française* :

« Supposons un instant, dit-il, ce grand malheur, la guerre éclatant entre la Russie et l'Angleterre, ou entre la France et l'Allemagne, par le fait des gouvernements, que le poids d'une aussi écrasante responsabilité ne semble même pas inquiéter, — sans cela l'éventualité pourrait-elle jamais surgir ? — et nous nous imaginerons aisément les calamités, les effroyables destructions d'hommes et de choses, la ruine, les larmes et le sang qui couvriraient, désoleraient et déshonoreraient la surface de la terre ? En Europe, en Asie, en Afrique, dans tous les pays et sur toutes les mers, la dynamite et la nitro-glycérine, le fer et le feu ensevelissant les cités sous leurs décombres, déchirant, dévorant les générations ; les torpilleurs faisant merveille et abîmant — carnage inouï ! — les combattants au plus profond des eaux.....

« Voilà la guerre de demain, guerre de machines et de sinistres calculs, où le génie de la destruction détourne de leur destination sacrée et prend dans sa main criminelle toutes les forces que la science, l'industrie et l'accumulation séculaire des capitaux avaient domptées ou créées pour l'exploitation pacifique du globe et le bonheur du genre humain ! »

Est-ce assez complet ? est-ce assez effroyable ?

Supposons aussi que, d'un côté, une armée permanente fût sur le point de faire irruption sur notre territoire par le Luxembourg, les Vosges ou les Alpes, et que, d'un autre côté, nous ayions à lui opposer une armée sédentaire ? Qu'arriverait-il ? Tout simplement ceci : c'est que pendant que nous mettrions un temps infini pour mobiliser nos troupes et en opérer la concentration à la frontière menacée, l'ennemi, grâce à sa mobilisation rapide, aurait tout le temps nécessaire pour se porter au cœur de la France et même jusque sous les murs de la capitale.

A moins d'effectuer notre mobilisation — en admettant que chaque citoyen y mît toute la bonne volonté possible — quinze jours avant la déclaration de guerre, voilà le premier résultat positif que nous donnerait l'armée sédentaire.

Et les éléments qui composeraient cette armée, quels effets produiraient-ils, comparativement à celle de nos adversaires ?

L'une, agressive, aurait pour elle, si non la force numérique, du moins la supériorité et la rapidité des mouvements stratégiques, qu'exécuteraient dans les meilleures conditions des troupes habituées, depuis plusieurs années, aux marches et manœuvres militaires : tandis que l'autre, défensive, ne constituerait effectivement qu'une masse d'hommes indisciplinés, peu instruits et non habitués aux dures fatigues, avec des cadres d'officiers et de sous-officiers manquant d'aptitudes et de connaissances suffisantes dans l'art, aujourd'hui si compliqué, de faire la guerre.

L'armée permanente étrangère aurait à sa disposition une infanterie active d'élite, une cavalerie et **une** artillerie des mieux conditionnées, sans compter l'arme spéciale du génie et tous les services accessoires, dont le fonctionnement serait, depuis longtemps, soumis à un scrupuleux examen et à une sévère épreuve.

Avec l'armée sédentaire, nous ne pourrions constituer que des éléments d'une minime apparence de force. Comment pourrait-on, en effet, former des corps expérimentés d'infanterie et de cavalerie, des batteries d'artillerie et des compagnies de génie d'une réelle valeur stratégique, sans les soumettre à une étude suivie et à un travail constant ?

En un mot, en face des dangers si meurtriers d'une armée permanente bien organisée et bien commandée, cette masse d'hommes composant l'armée sédentaire ne serait qu'une véritable chair à mitraille.

Les partisans de l'abolition *immédiate* avancent également que les volontaires de la première République ont vaincu les armées permanentes étrangères. Très bien, cela est un fait acquis ; mais, si les immortels *va-nu-pieds*, comme on les appelait, ont accompli des prodiges de valeur, ils l'ont dû à deux causes principales : la première, c'est que les armées permanentes, à cette époque, n'avaient pas à mettre en campagne des forces numériques aussi formidables que celles d'aujourd'hui ; la seconde, c'est qu'elles ne possédaient pas des engins aussi meurtriers que ceux dont elles sont actuellement pourvues.

Ajoutons à cela que les volontaires de la République, outre qu'ils avaient dans le cœur cet excessif amour de la Patrie, qui ne s'élève à sa plus haute expression que dans des circonstances exceptionnelles comme celles qui le firent naître, étaient conduits à la victoire par des généraux incomparables par leur courageuse bravoure et leur ardent amour pour le peuple dont ils étaient issus. Voilà pourquoi ils ont vaincu les armées permanentes à Jemmapes et à Valmy.

Voici enfin un dernier trait qui, à lui seul, suffirait à réduire à néant les théories favorables à l'abolition *immédiate* en France, en admettant que les autres grandes puissances européennes gardassent le *statu quo* militaire : c'est même, à mon avis, la considération que l'on devrait envisager avec le plus de souci, au point de vue humanitaire.

Je veux parler de la quantité innombrable de veuves et d'orphelins que laisserait une guerre dans laquelle une armée sédentaire se mesurerait avec une armée permanente.

Grâce à la loi du 15 juillet 1889, qui réduit le service militaire à trois années et que nous avons eu tant de peine à obtenir, le contingent annuel des jeunes soldats à incorporer sous les drapeaux sera d'au moins 200.000 hommes. Pendant les vingt-cinq années que l'on est astreint aux obligations du service militaire, cela nous donnera le nombre formidable de 5 millions d'hommes ! Si l'on en décalque 500.000, qui disparaîtraient de l'effectif dans cet espace de temps, pour cause de mort ou de réforme, il reste donc 4.500.000 hommes qui seraient mobilisables en temps de guerre et qui seraient ainsi répartis : 600.000 hommes pour l'armée active et 3,900.000 hommes pour la réserve active et l'armée territoriale.

Avec l'armée sédentaire, les 600.000 hommes des classes actives ayant le loisir de se marier, puisqu'ils seraient dans leurs foyers, l'on peut parfaitement admettre que 20 0/0 se marieraient, soit 120.090. L'on peut également tenir compte de 70 0/0 réservistes et terri-

toriaux qui se trouveraient dans le même cas, soit 2.730.000, et au total 2.850.000 hommes mariés.

D'autre part, en estimant qu'en temps de guerre il en mourût 30 0/0 par les armes, la maladie ou toute autre cause, cela nous donnera le chiffre de 855.000 hommes mariés disparus. Enfin, en établissant pour chacun d'eux une moyenne de trois enfants, nous obtiendrons ces chiffres qui font frémir : 855.000 veuves et 2.565.000 orphelins !

Sans plus de commentaires, je livre ces chiffres à la méditation des citoyens, en affirmant que, loin d'être le produit d'une exagération intéressée, ils sont, au contraire, bien au-dessous de la réalité.

Voilà, dans les conditions actuelles des armements européens, les conséquences et les résultats incontestables que nous donnera l'emploi de l'armée sédentaire, dont des hommes qui ont une si noble mission sociale à remplir s'évertuent à réclamer la constitution immédiate.

Non, mes amis, vous êtes dans l'erreur la plus complète ; en agissant ainsi, vous perdez un temps précieux que vous pourriez employer avec fruit à poursuivre la réalisation des justes et véritables revendications d'un peuple qui, pour l'enfantement de son génie, pour l'amélioration de ses mœurs politiques, a besoin de lumières et non d'utopies.

Ah ! par exemple, ce que nous pouvons faire, nous démocrates, sans craindre que cela nous porte préjudice, c'est d'empêcher que notre armée continue d'être un instrument de conquête au pouvoir des inspirateurs de la politique coloniale. Car cette armée, si républicaine aujourd'hui, parce qu'elle est tirée du sein d'une nation républicaine, ne doit subsister qu'à la condition

qu'elle soit le symbole et la personnification la plus
correcte de cette nation. Il faut, coûte que coûte, lui
restituer son rôle propre, celui de la défense nationale,
et qu'étant peuple elle ne soit qu'au service du peuple.

Elle a des vices et des défauts qui sont à la connaissance de tout citoyen qui a vécu au sein de cette
grande famille. Eh ! bien, appliquons-nous à corriger
les uns, efforçons-nous de faire disparaître les autres.

Faisons surtout disparaître ces pépinières monarchiques, qui jettent dans l'armée cet élément aristocra-
tique de privilégiés, parvenant aux plus hauts grades
sans avoir préalablement passé par les rangs.

Je suis, personnellement, de l'avis de l'auteur des
Divagations démocratiques, quand il dit : « Il n'est pas
« indispensable aux nouveaux émules des de Molke de
« savoir expliquer les signes hiéroglyphiques de
« l'obélisque de Luxor, ou bien d'avoir pâli sur la
« recherche de la quadrature du cercle, pour acquérir
« assez d'intelligence, de bravoure et d'amour de la
« Patrie, pour en défendre le sol et entraîner un peuple
« du combat à la victoire. »

Avec lui, je dirai aussi : tous les citoyens simples
soldats et dans les rangs, voilà l'égalité devant la loi ;
tous les grades soumis à une même source d'origine,
voilà la justice : tous les avancements hiérarchiques
dûs au mérite contrôlé par le concours, voilà à la fois
la sagesse et le droit.

En outre, pour que l'armée soit une famille pour le
soldat, il faut qu'on y apporte toutes les tronforma-
tions désirables pour améliorer son sort : il faut, et
c'est là le point capital, que la caserne cesse d'être un
lieu d'abrutissement pour devenir une véritable école
de patriotisme, où l'on pût avoir non seulement la

facilité d'acquérir de solides connaissances militaires,
mais encore celle de développer l'éducation civique
déjà acquise avant la présence sous les drapeaux.

Ce qui serait non moins indispensable, c'est la suppression de toutes les humiliantes vexations et de
toutes les sottes injustices, qui se commettent jour-
nellement sous le couvert d'une prétendue discipline,
qui est non pas bienveillante et loyale, mais barbare
et stupide.

S'il y a des traîtres au sein de l'armée, qu'on les
punisse selon qu'ils le méritent ; mais surtout qu'on
ne permette pas qu'elle serve de marche-pied à des
ambitions criminelles, fussent-elles l'apanage d'un
Bonaparte ou d'un Boulanger.

En un mot, faisons des réformes, mais pour notre
sécurité nationale, en face des formidables armées
permanentes de l'Europe, qui nous regardent l'arme
au pied, ne supprimons pas notre armée.

CHAPITRE IV

Conclusion générale. — La France et les nations européennes. — L'avenir du Peuple par l'éducation démocratique. — Langage électoral.

Que devons-nous conclure, pour l'avenir, des vérités inéluctables qui se dégagent du rapide examen que je viens de faire touchant l'idée de substitution *immédiate* d'une armée nationale sédentaire à l'armée permanente? C'est ce que nous allons voir.

D'abord, posons-nous cette question : Jusqu'où ira l'esprit de militarisme qui s'infiltre de plus en plus dans les mœurs gouvernementales de l'Europe, et quand s'arrêtera-t-il?

Il peut nous mener — ce qui est nullement à souhaiter — à une catastrophe dont il faudra des siècles aux nations pour se relever, et l'homme le moins pessimiste n'a certainement pas le droit de fermer les yeux sur la gravité palpable de la situation des peuples.

Si les principes gouvernementaux européens ne changent pas de longtemps, si un désarmement général n'a pas lieu à bref délai, il est certain que le militarisme à outrance ne s'arrêtera que lorsqu'il aura épuisé complètement le Trésor public dans chaque pays, et malgré la douleur morale que peut nous causer cette triste perspective, nous ne saurions nier le fait de bonne foi.

Cependant, nous sommes forcément entraînés vers

cette conclusion : que l'armée permanente. pour un pays comme le nôtre, est une nécessité qui s'impose en prévision des éventualités qui peuvent surgir inopinément des rapports brûlants. de la situation tendue entre les différents gouvernements.

Je suis loin d'admettre, cependant. qu'elle soit un principe éternel indispensable à l'existence des nations; ce principe est. au contraire, anti-humanitaire et parconséquent incompatible avec les systèmes philosophiques d'où sont issues les idées démocratiques modernes.

En effet, l'art militaire, — nous sommes hélas! obligés de l'appeler un art — qu'est-il, au sens propre du mot, sinon l'étude et l'application des moyens de détruire ce que la nature a créé et ce que le génie humain a enfanté?

J'ai déjà dit que l'armée permanente ne constitue pas un empêchement à la fondation de la République démocratique et sociale; rien n'est plus vrai, attendu qu'elle n'enrayera jamais les progrès légaux qui s'accompliront dans ce sens. Mais il n'en est pas de même à l'égard des nations qui sont sous le joug de gouvernements monarchiques.

Aux mains d'un gouvernement monarchique. elle sera toujours, comme chez nous avant la Révolution et même depuis, sous les régimes despotiques qu'il l'ont suivie, un obstacle à l'affranchissement politique du peuple.

Ah! si les grandes nations européennes pouvaient accomplir une révolution comme celle que nous avons accomplie en 1789; s'ils pouvaient partout jeter bas la monarchie et fonder la République, quels changements. quelles transformations! Qu'il serait beau le jour où, délivrés enfin de toutes leurs entraves, les peuples, dans un sublime élan de franchise sociale, se tendraient une main fraternelle !

Mais il ne faut pas nous faire d'illusion à ce sujet, ce jour ne paraîtra pas tant qu'un seul gouvernement monarchique sera debout. Les peuples qui subissent ce joug ont-ils beaucoup à faire pour leur affranchissement ? Certes oui, la tâche est grande et périlleuse, une tâche qui doit employer toutes les intelligences et tous les courages. L'écrivain avec sa plume et l'homme d'action avec sa virilité, sont également appelés à concourir à l'accomplissement de ce grand œuvre.

Les nations ont sous les yeux un bel exemple de ce que peut, pour son affranchissement, un pays qui veut être libre ; la France l'a prouvé par la grande et immortelle Révolution de 1789, qui fit tomber la monarchie avec le régime féodal et qui nous a légué les Droits de l'Homme et du Citoyen.

Que les peuples s'inspirent donc des grands enseignements du peuple français et qu'ils s'organisent sans répit pour opérer leur délivrance.

En laissant subsister la monarchie, un peuple peut avoir des moments d'accalmie, lui laissant le loisir de ronger paisiblement son frein, mais ce bonheur ne sera qu'éphémère et sa tranquilité sera bientôt troublée par une guerre quelconque.

Il y a bon nombre de gens qui prétendent que la guerre est une calamité qui s'impose pour résoudre telle ou telle crise économique que traverse un pays. Erreur complète, car s'il en était ainsi, la guerre serait élevée à la hauteur d'un principe, ce qui est impossible autant qu'absurde. Il n'y a qu'une chose, une seule qui peut non seulement résoudre, mais empêcher les crises économiques de se produire, c'est la République démocratique et sociale. Pourquoi? Parce que toute crise, de quelque gravité qu'elle soit, est la résultante d'une organisation sociale qui n'est pas en conformité de principes avec l'état normal du peuple; parce que, dans une vraie République, chacun est appelé à jouir de la prospérité générale, attendu que chacun participe, selon ses forces, à faire naître cette prospérité.

Voilà pourquoi tant qu'il y aura des trônes ou des gouvernements oligarchiques, la paix ne sera pas assurée.

Que chaque peuple dirige donc ses efforts vers ce but : l'avènement de la liberté, de l'égalité et de la fraternité par la disparition des trônes. Quand il sera atteint, c'est alors que nous n'aurons plus ces guerres si terribles à redouter, parce que nous n'aurons plus de tyrans pour faire naître des querelles nationales. Les rancunes feront place à la fraternité, l'inégalité à la justice et l'esclavage à la liberté.

Les armées permanentes, devenues par cela même inutiles et d'une trop lourde charge pour le Trésor public, disparaîtront, et c'est alors seulement et non aujourd'hui, comme on le prétend, que chaque nation pourra se créer une armée nationale sédentaire, formée de citoyens-soldats, pour assurer le maintien de l'ordre social, et qui sera prête à s'opposer toujours et partout à la dictature, sous quelque forme qu'elle se présente.

Mais quel travail intellectuel et moral il faut encore aux nations pour atteindre ce but!

Il est certain que si les peuples en général, ont en quelque sorte tout à faire ou à refaire, la nation française a, de son côté, de grandes réformes à accomplir, d'immenses conquêtes à réaliser.

Ce qu'il faut à cette nation, destinée à montrer l'exemple aux autres, c'est de la lumière; c'est surtout l'éducation démocratique, indispensable levier pouvant amener promptement l'affranchissement des esprits et faire entrer dans les masses ignorantes la juste perception des principes démocratiques.

Elle est la seule condition de la marche en avant vers la justice et l'égalité, parce qu'elle pénètre dans les profondeurs de l'âme et qu'elle apaise la colère qui monte en grondant dans le cœur de ceux qui souffrent.

Les hommes du pouvoir devraient y réfléchir d'une façon plus sérieuse qu'ils ne l'ont fait jusqu'à ce jour, l'éducation démocratique aurait pour effet immédiat de nous éviter le spectacle de la redoutable secousse dont les agitateurs politiques s'efforcent tant de presser les approches ; elle seule, en effet, peut nous donner les véritables notions du droit et de la liberté.

Il est évident que si les principes démocratiques étaient compris et scellés dans nos mœurs, l'établissement d'un régime véritablement républicain ne serait plus qu'une question de jours, parce que le peuple, sûr de son droit et de sa force, n'hésiterait plus à se laisser glisser sur la pente douce de l'émancipation.

Le suffrage universel saurait, désormais, discerner le bien et le mal, les utopies et les réformes réalisables.

C'est alors que, dans les affaires politiques, disparaîtraient les équivoques, les compromissions, les hypocrisies et les ruses de toutes sortes, et le jour où un candidat véritablement républicain viendrait solliciter les suffrages des travailleurs, ceux-ci ne manqueraient pas de lui tenir ce langage :

« Nous sommes des travailleurs, c'est-à-dire des hommes qui désirent vivre du travail de leurs bras. Nous avons horreur de la classe privilégiée qui nous exploite si cruellement.

« Nous voulons faire cesser le plus promptement possible cet état de choses inhumain, contraire aux principes du Droit et de l'Égalité, qui sont des principes naturels.

« Si vous êtes un citoyen honnête et loyal, si vous voulez, comme nous, la disparition des privilèges et des abus monstrueux, si vous désirez, comme nous, voir la fin de toutes les iniquités et de toutes les turpitudes dont nous sommes victimes depuis si longtemps ; si, en un mot, vous êtes un républicain-socialiste de bon sens et par conviction, vous êtes notre homme.

« Nous vous déléguerons pleins pouvoirs, pour revendiquer nos droits et porter notre drapeau.

« Vous êtes des nôtres, parce que le sang des travailleurs coule dans vos veines : par conséquent, si vous nous trahissiez, si vous nous faisiez sombrer, vous vous trahiriez vous-même et vous seriez impuissant pour vous éviter de sombrer avec nous.

« Vous avez raison de défendre notre cause, si non, vous seriez un insensé et un grand coupable, car nous sommes tout sur cette terre, c'est-à-dire le nombre et la valeur. Pourtant, voyez la triste situation qui nous est faite. Nous produisons tout, puisque la science et le génie sont notre apanage exclusif : toutes les félicités terrestres dont une poignée de privilégiés jouissent à nos dépens, sont notre ouvrage, et malgré cela, nous manquons le plus souvent du nécessaire.

« C'est pourquoi, comprenant que la réalisation de votre programme améliorera notre sort, nous vous donnons carte blanche pour coopérer au renversement de cet état barbare ; ne craignez donc pas d'aller de l'avant, car en travaillant pour nous, vous ferez une œuvre qui contribuera à notre bonheur, et qui, vous aussi, vous rendra heureux, parce qu'elle vous méritera la plus précieuse des récompenses : la reconnaissance nationale.

« Seulement, il y a un point qui ne nous paraît pas conforme à l'esprit de logique, c'est celui concernant l'abolition *immédiate* de l'armée permanente et son remplacement par une armée nationale sédentaire.

« Vous allez vous récrier et nous objecter que le militarisme est absurde, ignoble et pis encore. Cela est très vrai, nous en convenons avec vous ; mais, vu la situation gouvernementale et internationale actuelle, notre raison nous fait pressentir que nous ne devons pas, sous peine de périls incommensurables, supprimer notre armée. Nous ne voulons déclarer la guerre à personne, mais nous pensons qu'il est de notre intérêt d'assurer la défense de notre territoire.

« Pour le reste, nous vous laissons le soin de faire votre devoir de réformateur dans tout ce qu'il y a de réalisable et de profitable au pays. »

Je crois qu'avec de pareils principes, les électeurs indécis ou réfractaires aux transformations sociales, refuseraient beaucoup moins systématiquement leurs suffrages aux candidats sincèrement républicains.

C'est ce que je souhaite de tous mes vœux.

Électeurs et mandataires du peuple, votre tâche est noble et grande, sachez la remplir !

www.ingramcontent.com/pod-product-compliance
Ingram Content Group UK Ltd.
Pitfield, Milton Keynes, MK11 3LW, UK
UKHW031742170726
13836UKWH00002B/830